Andreas Felger | Anselm Grün

Durch seine Wunden sind wir geheilt

Andreas Felger
Anselm Grün

Durch seine Wunden sind wir geheilt

Kreuzwegstationen

Präsenz
Katholisches Bibelwerk

Die größte Verwandlung

Alle vier Evangelisten schildern uns den Weg Jesu nach Golgata. Nachdem sie Jesu lebensspendende Worte und Heilungswunder beschrieben haben, berichten sie die Geschichte seines Leidens und Sterbens. Sie laden uns ein, den Weg Jesu ans Kreuz zu meditieren, damit wir das Wunder seiner Auferstehung verstehen. Nur wer sich glaubend in das Geheimnis von Jesu Passion vertieft, dem geht auch die Verwandlung auf, die an Ostern geschehen ist. In Tod und Auferstehung Jesu gipfelt die Erlösung, die Gott an uns in Jesus Christus gewirkt hat.

Der Einladung der Evangelisten, den Weg Jesu zum Kreuz glaubend anzuschauen, sind seit jeher viele Jerusalempilger gefolgt. Sie gingen den Passionsweg Jesu nach und blieben an den Orten betrachtend stehen, an denen sie die einzelnen Ereignisse festmachten, von denen die Evangelien berichten. Im 14. Jahrhundert begannen die Franziskaner mit den Gläubigen den Weg in Jerusalem abzugehen, den Maria, die Mutter Jesu, nach der Auferstehung täglich gegangen sein soll. Nach der Legende führte dieser Weg vom Abendmahlssaal zum Haus des Kaiphas, zum heiligen Grab, zum Ölberg und zum Berg Zion. Auf diesem Weg gab es vierzehn Stationen. Mit den heutigen Kreuzwegstationen stimmen sie allerdings nicht überein. Später gingen die frommen Pilger auch vom Prätorium, dem Ort der Verurteilung Jesu, zur Grabeskirche. Dort hielt man an verschiedenen Stationen inne. Erst mit der Zeit bildeten sich vierzehn Kreuzwegstationen heraus. Ein Kreuzwegbuch des Priesters Bethlem im Jahre 1518 machte sie in der ganzen Kirche beliebt. In vielen Gegenden entstanden Kreuzwege mit kunstvollen Darstellungen der vierzehn Stationen. Der erste deutsche Kreuzweg wurde Ende des 15. Jahrhunderts am Jerusalemberg in Lübeck errichtet. 1505 schuf Adam Krafft den berühmten Nürnberger Kreuzweg. Zu Beginn des 18. Jahrhunderts wurden die immer beliebteren Kreuzwege nicht nur im Freien errichtet, sondern auch in den Kirchen dargestellt. Überall entstanden Kreuzwegandachten, in denen man die Passion Jesu meditierte. Bei der zwölften Station hielt der Priester häufig eine Predigt über den Sinn des Leidens Jesu und ermahnte die Gläubigen zu Umkehr und Buße.

Wichtiger als die Geschichte des Kreuzwegs sind die Gründe, warum eine solche Andachtsform entstehen konnte. Offensichtlich war es ein Bedürfnis für die Gläubigen, ihre Nöte und Schmerzen, ihre Wunden und Verletzungen in den Kreuzwegstationen dargestellt zu finden. Im Gehen und Betrachten vor Gott konnten sie ihren eigenen Leidensweg anschauen und bearbeiten. Es war eine leibhafte Meditation. Die Christen dachten nicht nur über die Passion nach. Sie gingen den Weg Jesu nach. Gehend vergegenwärtigten sie sich das Geheimnis der Liebe Jesu. Betrachtungen im Gehen haben eine lange Tradition. Die griechischen Philosophen aus der Schule der Peripatetiker dachten gehend über das Geheimnis des Lebens nach. Jesus wird von Lukas als der Anführer des Lebens bezeichnet (Apg 3,15). Er geht uns den Weg voran, der auch uns zum Leben führen wird. Indem wir ihm nachgehen, folgen wir ihm zum Leben. Im Lukasevangelium ist Jesus der göttliche Wanderer, der vom Himmel herabkommt. Aber er macht immer wieder «Station», um bei Menschen einzukehren und sie mit göttlichen Gaben zu beschenken. In der frühen Kirche Roms gab es die Stationsgottesdienste. «Statio», das heißt eigentlich: Ort, an dem man zusammensteht, Ort, an dem man Wache hält. Die Stationen des Kreuzweges sind Orte, an denen die Gläubigen innehalten, um bei Jesus zu stehen und auf ihn zu schauen, den Urheber und Anführer des Lebens.

Man könnte die vierzehn Stationen des Kreuzweges, die ja nicht alle in der Bibel überliefert sind, als eine tiefenpsychologische Schriftauslegung verstehen. Das Volk hat die Passion Jesu, so wie die Schrift sie beschreibt, meditiert und darin sein persönliches Leben wieder entdeckt. Der Dialog zwischen dem eigenen Leben und der Bibel führte zu vierzehn archetypischen Bildern des Leidensweges Jesu. Sie sind auch typisch für Situationen auf unserem Lebensweg. Die Bibel sagt nichts von einem Fall Jesu. Die Kreuzwege kennen ein dreimaliges Fallen. Die Gestalt der Veronika, die Jesus das Schweißtuch reicht, erscheint nicht in der Bibel, sondern in einer Legende. Die Erweiterung der biblischen Erzählung durch Legenden und Bilder ist ein Versuch, die Bibel in das konkrete Leben hinein zu übersetzen. Wenn wir jugendlichen Gästen unseres Klosters den Kreuzweg als Aufgabe für ein abendliches Mysterienspiel gaben, so war es für diese jungen Menschen kein Problem, sich selbst in den vierzehn Stationen wiederzufinden. Sie sahen darin ihr eigenes Leben ausgedrückt und haben es oft sehr eindrücklich und originell dargestellt. Im Kreuzweg sahen sie zugleich ein

Bild für die heutige Weltsituation. Sie erkannten darin die politischen und gesellschaftlichen Konflikte, Nöte und Zwänge. Heute werden in aller Welt Menschen ungerecht verurteilt, abgeschoben, geschlagen, getreten, ermordet. Viele von ihnen haben gar keine Chance, aufzustehen. Immer wieder fallen sie und werden ans Kreuz ihrer gesellschaftlichen Rolle geschlagen: als Asylbewerber, Obdachlose, psychisch Kranke. In ihrer Darstellung des Kreuzweges drückten sie ihren Glauben aus, dass Jesu Tod und Auferstehung für die ganze Welt eine Bedeutung haben. In Jesu Passion wird die Leidensgeschichte der Menschheit dargestellt und erlöst. Gottes heilendes und befreiendes Wirken für alle Menschen wird darin sichtbar. Da geschieht Erlösung von Schuld, von den Zwängen, in die wir verstrickt sind, von der Sinnlosigkeit, die unser Leben verdunkelt, von der Einsamkeit, die uns quält, von der Entfremdung voreinander und uns selbst gegenüber. Die Christenheit hat seit jeher im Kreuzweg die Erlösung der ganzen Welt durch Jesus Christus meditiert. Sie hat die vierzehn Stationen bewusst im Freien, an öffentlichen Plätzen, mitten in der Welt, aufgestellt, um zu verkünden, dass unser Leid verwandelt ist. Christus hat uns durch seine bedingungslose Liebe, die am Kreuz zur Vollendung kommt, befähigt, mitten in der Entfremdung und Anonymität dieser Welt einander zu lieben.

Unbewusst haben glaubende Menschen in den vierzehn Kreuzwegstationen Bilder für die eigene Lebenssituation geschaffen. Sie wollten in den Stationen des Weges Jesu den eigenen Weg erkennen, damit er gelingt. Im Anschauen des Leidens Jesu vertrauten sie darauf, ihre Not aushalten zu können und sie verwandelt zu sehen in einen Weg zum Leben. Jesu Kreuzweg mündet ja in der Auferstehung. Jesus vergibt selbst seinen Mördern noch. Im Blick auf diese Liebe konnten sie daran glauben, dass auch ihre Schuld vergeben ist. Da erfuhren sie «Annahme des Unannehmbaren», wie Paul Tillich die Erlösung von der Schuld bezeichnet. Das Volk wählte vierzehn Kreuzwegstationen. Dies ist eine archetypische Zahl. Es gibt neben den vierzehn Kreuzwegstationen auch die vierzehn Nothelfer, in denen Christen Bilder einer christlichen Therapie sahen. Vierzehn Engel umstehen nach einem Kindergebet das Bett des Kindes, für das die Eltern beten. Die Sieben ist eine heilige Zahl, die Göttliches und Menschliches verbindet, eine Zahl der Verwandlung. Es gibt sieben Gaben des Heiligen Geistes und für uns Katholiken sieben Sakramente. Vierzehn als zweimal sieben meint offensichtlich, dass alles Gegensätzliche im Menschen verwandelt werden muss, das Männliche und das Weibliche, das Helle und das Dunkle, die Höhen und die Tiefen, die Stärken und die Schwächen. 14 ist die Hälfte des Mondmonats. Augustinus deutet die Vierzehn als durch Jesus geheiligte Zahl, da Jesus am 14. Nissan am Kreuz für uns gestorben ist: «Der Heilige Geist, der im Sichtbaren das Unsichtbare, im Materiellen geistige Geheimnisse andeutet, wollte, dass jener Übergang von einem Leben zum anderen, den man Pascha nennt, am 14. Tag des Mondmonats gefeiert werde. Es sollte dies ... geschehen ... wegen der Abwendung vom Äußeren und der Hinwendung zum Inneren, die durch den Mond sinnbildlich dargestellt wird.» Die Hälfte des Mondmonats ist für Augustinus also ein Bild dafür, dass wir an einem Übergang stehen. Wie der Mond ab der Mitte des Mondmonats wieder abnimmt, sollen wir uns nach innen wenden. Der Mond ist seit jeher ein weibliches Symbol. Eine solche Einbringung weiblicher Bilder in die Frömmigkeit war sicher eine heilsame Reaktion auf eine eher von Männern bestimmte Spiritualität. Die vierzehn Kreuzwegstationen wollen nach dieser Symbolik einen Weg zum vollen Licht nachzeichnen, zu einem Zustand, in dem das Licht der Liebe Gottes alle unsere Dunkelheiten erleuchtet und unsere Wunden heilt.

Kreuzwegstationen sind nach wie vor beliebt. Offensichtlich ist es auch heute ein Bedürfnis der Menschen, ihre Nöte im Raum der Kirche zur Sprache bringen zu dürfen und Bilder zu finden, in denen sie sich verstanden wissen in ihrem eigenen Leiden. Ich kenne viele ältere Menschen, die im Kreuzweg Trost schöpfen für ihr Leid, für das Ausweglose ihrer Krankheit, für die Nöte, die ihnen die Kinder bereiten, und für ihr Leiden an sich selbst. Viele moderne Kreuzwegandachten sehen in den Stationen Bilder für den Zustand unserer Welt. Sie verstehen den Kreuzweg als Protest gegen die vielen Kreuze, die eine ungerechte Politik und Wirtschaft den Menschen aufbürdet. Das Leid der Welt, im Fernsehen täglich vor Augen geführt, braucht einen Ort, an dem es verarbeitet wird. Sonst werden die Menschen allmählich unfähig, sich der Not zu stellen. Man erfährt von ihr nur noch in den Medien und verschließt das eigene Herz. Das aber führt zu einer Verdrängung des Leids und schließlich zu einer Verhärtung der Gesellschaft und zur Vereisung des gesellschaftlichen Klimas. Der Kreuzweg gibt uns die Möglichkeit, das weltweite Leid vor Gott zum Ausdruck zu bringen. Er schenkt uns die Hoffnung, dass dieses Leid nicht in die Vergeblichkeit führt, sondern einen Sinn bekommt durch Jesu Leidensweg und überwunden wird durch Christi Kreuz und Auferstehung. Denn in Jesu Tod am Kreuz wird allen Menschen offenbar, dass es nichts mehr gibt, was uns von Christi Liebe scheidet. Die Liebe ist stärker als der Tod. Selbst im Tod wohnt das Leben. Es gibt kein Scheitern, das nicht zur Auferstehung werden kann. Im Tod Jesu am Kreuz und in seiner Auferstehung geschieht die größte Verwandlung, die in dieser Welt möglich ist: die Verwandlung von Schuld in Vergebung, von Hass in Liebe, von Dunkelheit zum Licht, von Erniedrigung zur Erhöhung, von der Ablehnung zum Angenommensein, vom Tod zum Leben.

Stationen der Liebe

Da wandte sich der Hohepriester nochmals an
Jesus und fragte: «Bist du der Messias, der Sohn
des Hochgelobten?» Jesus sagte:
«Ich bin es. Und ihr werdet den Menschensohn
zur Rechten der Macht sitzen und mit den
Wolken des Himmels kommen sehen.»
Da zerriss der Hohepriester sein Gewand und rief:
«Wozu brauchen wir noch Zeugen? Was ist eure
Meinung?» Und sie fällten einstimmig das Urteil:
«Er ist schuldig und muss sterben.»

(Mk 14, 61–64)

1. Station

Jesus wird zum Tod verurteilt

Jesus steht als weißer Balken aufrecht. Er ist unschuldig, lauter und rein. Trotzdem wird er durchgestrichen, ausgelöscht, verurteilt. Das Weiß Jesu steht zwischen einem blauen und einem roten Feld. Blau ist die Farbe des Himmels, rot die Farbe des Feuers und des Blutes, in der Tradition aber auch die Farbe der Hölle und des Teufels. Jesus schützt den Himmel, dass er nicht verzehrt werde vom Feuer der Leidenschaft. Seine Verurteilung macht deutlich: die Menschen wollen sein Blut sehen. Weil er bereit ist, für uns zu sterben, wird der Himmel auch für uns offen bleiben. Bei den Römern symbolisierte rot die Farbe der Macht. Jesus ist ohnmächtig gegenüber den irdischen Mächten. Aber seine vom Himmel kommende Macht wird siegen. Er steht für uns da, damit unsere Leidenschaften nicht schon hier auf Erden zum Höllenfeuer werden, das uns verzehrt.

Jesus hält den Himmel für uns offen, auch dort, wo wir verurteilt werden, wo uns ein Strich durch die Rechnung gemacht wird, wo Menschen über uns herfallen und alle möglichen Anschuldigungen gegen uns vorbringen. Jesus wird ungerecht verurteilt. Oft genug erleben wir heute solche ungerechten Vorverurteilungen durch eine Presse, die sich zum höchsten Moralrichter aufspielt und offensichtlich einen Sündenbock braucht, der von Zeit zu Zeit geopfert werden muss, damit sich der Rest der Welt sündenlos fühlen kann. Viele dieser vorverurteilten Menschen zerbrechen daran. Das Bild der ersten Kreuzwegstation will auch ihnen die Hoffnung schenken, wie Jesus aufrecht Stand halten zu können. Der Himmel steht für sie in ihrer tiefsten Erniedrigung offen, weil Jesus schützend davor tritt. Das Feuer menschlicher Bosheit kann nicht eindringen. Der Himmel steht nicht nur offen, er ist in uns. Trotz aller Verurteilung besteht ein geschützter Raum in uns. In diesem inneren Raum kann uns niemand verletzen und verurteilen. Hier wohnt Christus. Wo er in uns ist, kann uns das Feuer ungerechter Verurteilung nicht erreichen.

Es war am Rüsttag des Paschafestes, ungefähr um die sechste Stunde. Pilatus sagte zu den Juden: «Da ist euer König!» Sie aber schrien: «Weg mit ihm, kreuzige ihn!» Pilatus aber sagte zu ihnen: «Euren König soll ich kreuzigen?» Die Hohenpriester antworteten: «Wir haben keinen König außer dem Kaiser.» Da lieferte er ihnen Jesus aus, damit er gekreuzigt wurde. Sie übernahmen Jesus. Er trug sein Kreuz und ging hinaus zur so genannten Schädelhöhe.

(Joh 19, 14–17)

2. Station

Jesus nimmt das Kreuz auf seine Schultern

Jesus nimmt sein Kreuz auf sich. Das Kreuz beugt ihn. Er kann nicht mehr aufrecht bleiben. Wie eine dunkle Last drückt es ihn nieder. Er trägt sein Kreuz selbst. Er will uns Mut machen, unser Kreuz auf uns zu nehmen. Das Kreuz ist Bild für die Last unseres Lebens, aber auch für alles, was unser Lebenskonzept durchkreuzt. Zugleich aber steht es für die Gegensätzlichkeit unseres Lebens. Wir möchten gerne nur mit einer weißen Weste herumlaufen. Aber wir tragen in uns viele Gegensätze: zwischen Himmel und Erde, zwischen spirituell und gottlos, zwischen tiefsinnig und oberflächlich, zwischen Licht und Dunkel, zwischen Liebe und Hass. Wir wären am liebsten eindeutig. Alles Dunkle wäre ausgeschlossen.
Es verunsichert uns in unserem Selbstwertgefühl. Wenn Jesus sein Kreuz auf sich nimmt, lädt er uns dazu ein, auch das Dunkle auf uns zu nehmen. Im Aquarell kann das Schwarz den weißen Jesus nicht verdunkeln.

Geistliche Lieder preisen Jesus, dass er sein Kreuz umarmt hat. Liebend nimmt er an, was ihn das Leben kostet, und verwandelt es so. Wir spüren oft genug Widerstand, das unsere Pläne Durchkreuzende anzunehmen oder uns mit der Last unseres Lebens auszusöhnen. Das Kreuz kann uns begegnen in einer Krankheit, die uns unvermutet trifft und uns vielleicht unser ganzes Leben lang belasten wird. Es trifft uns aber auch in einem Menschen, der uns das Leben schwer macht. Das schwerste Kreuz, das wir auf uns nehmen müssen, sind wir selbst in unserer Zerrissenheit, mit den vielen Seiten, die wir ganz und gar nicht anschauen möchten. Da kann uns der Blick auf Jesus, der liebend sein Kreuz auf sich nimmt, ermutigen, Ja zu sagen zu dem Kreuz, das wir selber sind. Jesus nimmt uns das eigene Kreuz nicht ab. Wir müssen es selbst tragen. Der Psychoanalytiker C. G. Jung hat immer wieder erfahren, dass der Prozess zur Selbstwerdung nur gelingt, wenn wir uns mit dem Kreuz, das wir selber sind, aussöhnen, es auf die eigenen Schultern nehmen und es liebend umarmen. Wer sich mit seinen Gegensätzen annimmt, dem ist nichts Menschliches mehr fremd. Ein weites Herz wird er bekommen, milde und barmherzig wie das Herz Jesu.

3. Station

Jesus fällt zum ersten Mal unter dem Kreuz

Die Bibel berichtet uns nichts von einem Fallen Jesu unter dem Kreuz. Die gläubige Vergegenwärtigung hat einzelne Fälle Jesu ausgemalt. Angelehnt an die sieben Hauptkirchen Roms entstand in Deutschland der Brauch, den Weg des siebenmaligen Fallens zu gehen. Jede Station symbolisierte einen Fall Jesu. Erst als die vierzehn Kreuzwegstationen aufkamen, beschränkte man sich auf drei Fälle. Das Fallen Jesu steht für seine Schwäche, für sein Überfordertsein durch die Last des Kreuzes. Es steht aber auch für unser Fallen. Wir sprechen davon, dass wir in der Versuchung fallen, dass wir uns nicht wehren können gegen eine Anfechtung, dass wir schwach werden. Wir fallen in die Sünde. Wir verfallen einer Leidenschaft. Wir fallen unter der Last eines Schicksalsschlages. Ein Mann, stark wie eine Eiche, wird durch einen Herzinfarkt gefällt. Paulus mahnt uns: «Wer aber zu stehen meint, der gebe Acht, dass er nicht fällt.» (1. Kor 10,12) Wir sollen uns nicht in Sicherheit wiegen. Wir haben keine Garantie, dass wir nicht fallen, wenn die Versuchung zu groß wird.

Andreas Felger hat den ersten Fall Jesu so dargestellt, dass das Kreuz Jesus zu Boden wirft. Drohend ragt das schwarze Kreuz über der weißen Gestalt. Als Grundfarbe herrscht violett vor, am Rande gibt ein blauer Streifen Hoffnung auf Licht. Violett ist die Farbe der Verschmelzung, der Vermittlung zwischen zwei Gegensätzen. Für uns Christen weist das Violett auf die Passion Jesu hin. Denn in der Passion Jesu wird die Verschmelzung zwischen göttlicher und menschlicher Natur am augenscheinlichsten. Gott ist in Jesus wahrhaft Mensch geworden und hat alle menschlichen Abgründe ausgekostet. Er hat sich in Jesus für immer mit der menschlichen Natur verbunden. Diese Verbindung meint er bitter ernst. Er hält sie durch bis in den Tod Jesu hinein. Die Kirchenväter sagen: «Alles, was angenommen ist, ist auch erlöst.» Gott hat in Jesus auch den menschlichen Tod angenommen und ihn so erlöst. Gott zeigt uns in der Passion Jesu, dass er die Verbindung, die er in Jesus mit allen Menschen eingegangen ist, aufrecht erhält, auch wenn wir immer wieder von ihm abfallen. Er steht zu uns, auch wenn wir fallen. Jesu Passion ist ein Hoffnungszeichen dafür, dass Gott uns immer wieder aufrichten wird. Der Fall wirft uns zu Boden, aber er zertrümmert uns nicht.

Wenn wir fallen, ist auch für uns Passionszeit, Zeit der Buße und Umkehr. Dann sollen wir nach innen gehen, um zu schauen, warum wir gefallen sind, und auszuschauen nach dem, der uns an der Hand nimmt und uns aufrichtet. Violett ist die Farbe der Buße und Umkehr. In der Advents- und Fastenzeit trägt der Priester violette Messgewänder, um die Menschen daran zu erinnern, dass wir es nötig haben, umzukehren und umzudenken. Das griechische Wort, das Jesus für Umkehr benutzt: «metanoeite» heißt eigentlich: anders denken, umdenken, den Sinn ändern, aber auch: hinter die Dinge sehen, das Eigentliche hinter dem Vordergründigen sehen. Der Fall zeigt, dass wir uns übernommen haben oder auf dem falschen Weg waren. Wir haben uns und unsere Wirklichkeit nicht richtig gesehen. Unser Augenmerk galt nur dem Oberflächlichen und Vordergründigen. Der Fall lädt uns ein, innezuhalten. Haben wir unser Maß verloren und etwas auf dem Weg übersehen: eine Last, die wir mitschleppen, oder Stolpersteine, die im Weg liegen und uns zu Fall bringen? Der Fall birgt in sich immer auch die Hoffnung, dass sich neue Wege auftun. Der Himmel öffnet sich über uns. Wir entdecken einen neuen Horizont auf unserem Lebensweg. Das hat der Künstler in den beiden blauen Streifen am rechten Bildrand ausgedrückt. Der Fall ist auch eine Chance, das nächste Wegstück besser zu bewältigen und Neues zu wagen.

IV

4. Station

Jesus begegnet seiner Mutter

Eine Begegnung Jesu mit seiner Mutter auf dem Kreuzweg ist fromme Legende. Johannes berichtet uns nur, dass Maria unter dem Kreuz stand und bis zu seinem Tod dort ausgeharrt hat. «Als Jesus seine Mutter sah und bei ihr den Jünger, den er liebte, sagte er zu seiner Mutter: Frau, siehe, dein Sohn! Dann sagte er zu dem Jünger: Siehe, deine Mutter! Und von jener Stunde an nahm sie der Jünger zu sich.» (Joh 19,26f) Jesus hat seine Mutter unter dem Kreuz wahrgenommen und sie angesprochen. Die Kreuzwegfrömmigkeit hat die Begegnung Jesu mit seiner Mutter schon früher angesetzt. Auf dem Weg zum Kreuz lässt Maria ihren Sohn nicht allein. Sie folgt dem Sohn, auch wenn sie nicht versteht, was dieser Weg bedeuten soll. Mutter und Sohn begegnen sich. Sie schauen einander an. Die dramatische Szene, von der Volksfrömmigkeit geschaffen, bringt nicht nur das Leid des Sohnes, sondern auch die Schmerzen der Mutter zum Ausdruck. Andreas Felger hat sie auf seine Weise meditiert.

Jesus und Maria sind einander zugewandt. Die Begegnung öffnet die beiden füreinander. Sie stehen nicht aufrecht, sondern in einer Wölbung zueinander. Sie gehören vor einem lichten Hintergrund zusammen. Die Liebe, die zwischen ihnen fließt, erhellt alles Dunkle, das sie umgibt. Zwischen ihnen hellt sich der Hintergrund besonders stark auf. Die Liebe ist stärker als der Hass der Menge, die Jesus umgibt. Aber die Häupter von Jesus und Maria ragen in einen dunklen Balken hinein. Sie sind wie festgehalten von der Dunkelheit. Ihre Begegnung ist nicht nur von der alles verwandelnden Liebe geprägt, sondern auch von Trauer und Schmerz. Es ist der Schmerz der Mutter, den Sohn leiden zu sehen. Sie muss mit anschauen, wie er einen Weg geht, der für sie unverständlich bleibt. Sein so ganz anderer Weg wird tödlich enden. Der Schmerz des Sohnes liegt darin, der Mutter zumuten zu müssen, dass er ihr nichts vorweisen kann. Er muss seinen inneren Weg zu Ende gehen, auch wenn die Mutter ihn nicht versteht.

Solche Schmerzen kennen viele Mütter. Trotz bester Erziehung entwickeln sich die Kinder anders, als sie es im Stillen erhofft haben. Ein Sohn schafft das Studium nicht und kämpft mit Depressionen. Einer eröffnet der Mutter, dass er homosexuell ist. Oder er geht ins Kloster und verlässt die Familie. Eine Tochter gerät an einen Mann, von dem die Mutter nichts hält. Oder sie wendet sich vom christlichen Glauben ab und geht eigene Wege. Oder sie bekommt Magersucht und verweigert das Leben. Die Mutter sieht zu. Sie leidet. Aber sie kann nichts anderes machen als ihre Kinder Gott zu übergeben. Sie kann nur vertrauen, dass Gott seine gute Hand weiter über den Sohn und die Tochter hält. Ein Engel wird sie begleiten. Am Ende wird ihr Weg doch zu Gott führen. Ihr Kreuzweg mündet in die Auferstehung.

Maria ist ganz in blau gehalten. Damit entspricht der Künstler der ikonographischen Tradition, die Maria immer mit einem blauen Kopftuch oder einem blauen Mantel darstellt. Blau ist die Farbe des Himmels. Maria kann das Schicksal ihres Sohnes nur deshalb ertragen, weil sie sich selbst Gott zur Verfügung gestellt hat in ihrem mutigen Satz: «Ich bin die Magd des Herrn; mir geschehe, wie du es gesagt hast.» (Lk 1,38) Weil Maria in Gott ihren Grund sieht, klammert sie sich nicht an den Sohn und hält ihn nicht fest. Sie kann ihn freigeben, denn sie hat in Gott ihre Freiheit gefunden. Sie geht über die menschliche Beziehung hinaus und weiß sich in Gott daheim. Deshalb darf der Sohn den Weg gehen, den er von Gott her gehen muss. So zeigt Maria auch den Müttern in ihrem Leid einen Weg, sich und ihre Kinder der Führung Gottes zu überlassen. Dann wird mitten in ihren Schmerzen der Himmel über ihnen aufgehen.

IV

V

Einen Mann, der gerade vom Feld kam, Simon
von Zyrene, den Vater des Alexander und
des Rufus, zwangen sie, sein Kreuz zu tragen.

(Mk 15, 21)

5. Station

Simon von Zyrene hilft Jesus das Kreuz tragen

Alle drei Synoptiker berichten uns von Simon von Zyrene: «Einen Mann, der gerade vom Feld kam, Simon von Zyrene, den Vater des Alexander und des Rufus, zwangen sie, sein Kreuz zu tragen.» (Mk 15,21) Markus versteht die Szene so, dass Simon zur Hilfeleistung für den durch die Misshandlung geschwächten Jesus gezwungen wird. Jesus vermag das Kreuz nicht alleine zu tragen. Deshalb muss ihm der starke Bauer, der gerade vom Feld kommt, den schweren Kreuzesbalken abnehmen. Lukas sieht in Simon ein Bild des Christen, der seinem Herrn nachfolgt und täglich sein Kreuz auf sich nimmt: «Als sie Jesus hinausführten, ergriffen sie einen Mann aus Zyrene namens Simon, der gerade vom Feld kam. Ihm luden sie das Kreuz auf, damit er es hinter Jesus hertrage.» (Lk 23,26) Simon erfüllt, was Jesus im Lukasevangelium von jedem Jünger fordert: «Wer mein Jünger sein will, der verleugne sich selbst, nehme täglich sein Kreuz auf sich und folge mir nach.» (Lk 9,23)

Der Künstler stellt Simon als einen hellgrünen Balken dar. Grün ist die Farbe des Lebens und der Hoffnung. Simon schenkt Jesus, der unter der Last des Kreuzes gebeugt ist und nach links zu fallen droht, Erleichterung. Aber er ist nicht nur ein Bild der Hoffnung für Jesus, sondern auch für den Beschauer. Er zeigt uns, wie auch unser Leben gelingen kann. Nur wenn wir wie Simon bereit sind, das Kreuz auf uns zu nehmen, werden wir wahrhaft leben. Im Bild ist das Kreuz ein schwerer schwarzer Balken, eine bedrohliche Last. Wer vor der Last des Lebens davonläuft, den verfolgt sie auf all seinen Wegen. Wir sollen uns das Kreuz nicht selber aussuchen. Auch Simon hat es sich nicht ausgesucht. Er wurde gezwungen, den Kreuzesbalken Jesu zu tragen. Es durchkreuzt unsere Wege, so wie es Simons Weg durchkreuzt hat. Aber wenn uns Schweres trifft, dann fordert es unsere Bereitschaft, es anzunehmen. Die Last wird uns stärken, so wie der Stein, den ein böser Mann auf die Krone einer Palme legte, sie zwang, ihre Wurzeln immer tiefer zu graben, bis sie zu einem Baum wuchs, der alle anderen Bäume überragte. Der schwarze Kreuzesbalken geht auf der rechten Seite ins Grau über und wird zum Symbol für die Schattenseiten. Nur wer bereit ist, seinen Schatten anzunehmen, wird wahrhaft ein Mensch.

Das Kreuz symbolisiert die Einheit aller Gegensätze. Es auf sich zu nehmen heißt, die innere Gegensätzlichkeit anzunehmen. Wir sind nicht nur weiß wie Jesus. Wir haben auch dunkle Seiten in uns. Wir sind nicht nur fromm, sondern manchmal auch gottlos, uninteressiert an spirituellen Themen und Wegen. Wir sind nicht nur hilfsbereit, sondern oft genug egoistisch, nur auf die eigene Ruhe bedacht, ähnlich wie Simon, der nach Hause wollte, um sich von der Mühe des Tages auszuruhen. Das Kreuz zu tragen heißt, die Last der eigenen Gegensätzlichkeit zu tragen. Wir selber sind letztlich das Kreuz, das wir auf uns nehmen sollen. Wenn wir wie Simon unser eigenes Kreuz tragen, dann folgen wir Jesus nach. Wir sind dann seine Jünger und machen uns auf den Weg zur Menschwerdung, zur Christwerdung. Dann werden wir mit unserem Kreuz das Kreuz anderer Menschen erleichtern. Wir dürfen erfahren, dass unser Leben gelingt. Die Last des Kreuzes wird zu einer süßen Last, wie es in einem alten Hymnus heißt.

V

VI

6. Station

Veronika reicht Jesus das Schweißtuch

Seit dem sechsten Jahrhundert wird die Legende von Veronika überliefert. Sie knüpft an die kurze Bemerkung des Lukas an: «Es folgte eine große Menschenmenge, darunter auch Frauen, die um ihn klagten und weinten.» (Lk 23,27) Veronika soll jene Frau gewesen sein, die Jesus von ihrem Blutfluss geheilt hat (Mk 5,25–34). Sie war so fasziniert von Jesus, dass sie ihn bat, ihm das wahre Bild seines Antlitzes zu schenken. Ihr Name Veronika setzt sich ja zusammen aus «vera icon – wahres Bild». Erst im Mittelalter wird diese Legende dann mit dem Kreuzweg in Beziehung gebracht. Veronika tritt aus der Menge der klagenden Frauen heraus und geht auf Jesus zu. Sie reicht ihm ein Tuch, damit er den blutigen Schweiß abtrocknen kann. Als Jesus ihr das Tuch wieder zurückgibt, enthält es einen Abdruck seiner Gesichtszüge. Im Mittelalter wird das Schweißtuch der Veronika zu einem eigenen Andachtsbild. Die Legende erzählt, dass von diesem Bild eine heilende Wirkung ausgeht. Wer es in reiner Absicht anschaut, wird von seiner Krankheit geheilt.

Andreas Felger hat die sechste Kreuzwegstation in helles Rot getaucht. Veronika ist Bild der liebenden Frau. Ihre Liebe erschöpft sich nicht in einem Gefühl. Sie hat den Mut, aus der Menge herauszutreten und ihre Liebe vor allen zu zeigen. Ihre Liebe verwandelt das Leid Jesu. Ein Bild der Verwandlung sind die sieben hellen Kreise im roten Quadrat. Der liebende Mensch erfährt in sich selbst Verwandlung seiner Wunden und Schmerzen. Wer seine Liebe einem andern zeigt, verwandelt damit sein Leid. In der Liebe wird das Leid erträglich. Sie verwandelt die Wunden zu kostbaren Perlen. Es ist ein freundliches helles Bild, das durch die Liebe der Veronika entsteht. Mitten in dem brutalen Zug, der den schwachen Jesus ans Kreuz treibt, entsteht hier eine innige Liebesszene, die die Dunkelheit der aggressiven Menge aufhellt.

In dem hellbraunen, quadratischen Schweißtuch mit einem Kreis leuchtet das weiße Quadrat Jesu hervor. Braun ist die Farbe der Erde. Veronika reicht Jesus etwas sehr Irdisches, ein einfaches Tuch, mit dem er sich den Schweiß vom Gesicht wischen kann. Braun ist im Mittelalter aber auch Trauerfarbe. Manchmal hat die braune Farbe auch eine erotische Bedeutung. Es ist eine liebende Geste, dem leidenden Jesus das eigene Schweißtuch zu reichen, mit dem man sich sonst selbst das schwitzende Gesicht abtrocknet. Im Tuch verschmilzt der Körpergeruch Veronikas mit dem Jesu. Das Riechen ist der Sinn starker Gefühle. So entsteht im Schweißtuch eine sehr emotionale Berührung Jesu durch Veronika. Der Kreis, der das weiße Quadrat umschließt, ist ein Bild für die Einheit aller Gegensätze. Kreis und Quadrat sind die beiden konträren Grundformen. Der Kreis steht für das Geistige, das Quadrat für das Irdische. Der Kreis ist im braunen Schweißtuch der Veronika eingezeichnet. Der Geist kommt hier von der liebenden Frau. Jesus, der Sohn Gottes, wird dagegen im Quadrat dargestellt. Er ist ganz und gar auf die Erde geworfen, mit der Erdenschwere menschlichen Leidens konfrontiert. Das Quadrat ist für den griechischen Philosophen Plato ein Symbol für das absolut Schöne. Das weiße Quadrat spiegelt die Schönheit Jesu mitten im Leiden wider. Jesus beschenkt Veronika mit seinem reinen und schönen, mit dem wahren Antlitz, in dem Gottes Antlitz aufleuchtet.

Eine Legende entsteht nur dann, wenn das Volk sich darin wieder findet. In Veronika fand es offensichtlich die Hoffnung ausgedrückt, dass wir das wahre Antlitz eines Menschen entdecken, wenn wir ihm in seinem Leiden beistehen. Verbleiben wir nicht als Zuschauer, sondern haben wie Veronika den Mut, einen leidenden Menschen in seiner Not zu berühren, ihm unser schützendes Tuch anzubieten, dann werden wir beschenkt. Wir erkennen das Geheimnis des andern. Wir spüren, wer der andere wirklich ist. Mitten im Leiden beginnt sein Gesicht zu leuchten. Im Antlitz des leidenden Menschen dürfen wir Christi Antlitz entdecken, der uns mit seiner göttlichen Liebe beschenkt.

VII

7. Station

Jesus fällt zum zweiten Mal unter dem Kreuz

Im Mittelalter kannte man ein siebenfaches Fallen Jesu. Wie in einem Brennpunkt drückt sich sein Leiden darin aus. Jesus bricht immer wieder unter der Last seines Kreuzes zusammen. Darin sahen die Christen des Mittelalters ein Bild für ihr Leben. Sie fallen nicht nur einmal, sondern wieder und wieder unter der Last des Lebens. Die Christen des Mittelalters fühlten sich bedroht von Kriegen, Pest, Hungersnöten. Oft genug waren sie diesen Bedrückungen nicht gewachsen. Das Fallen verkörperte für sie aber auch die Sünde, in die sie immer wieder fielen. Sie bereuten eine Sünde und wussten doch, dass sie wieder in sie fallen würden. In jedem Fall Jesu sahen sie ihren Rückfall in die Sünde aufgehoben. Jesus fiel für sie unter der Last des Kreuzes, damit sie nicht zerbrechen, wenn sie in Schuld geraten. Sie müssen sich nicht mit Schuldgefühlen zermartern, sondern dürfen voller Vertrauen auf die barmherzige Liebe Jesu schauen, die in seinem zweiten Fallen aufleuchtet.

Der Künstler hat das Geschehen ganz in violett gehalten. Der Schmerz drückt sich darin aus, den dieses zweite Fallen dem Leib und der Seele Jesu bereitet. Er weist hin auf die Trauer, die wir empfinden, wenn wir zum zweiten Mal fallen. Erneut machen wir denselben Fehler. Wir können uns wieder nicht beherrschen. Noch einmal tun wir das, was wir auf keinen Fall tun wollten. Wir sind enttäuscht von uns selbst. Wir hatten uns fest vorgenommen, doch besser auf unser Reden zu achten. Aber schon bei der nächsten Gelegenheit schimpfen wir wieder über den andern, ergehen uns in oberflächlichem Geschwätz, in Verdächtigungen und Gerüchten. Wir hatten gedacht, nun endlich von unserer Sucht frei zu sein. Aber wir fallen wieder zurück. Die ganze Therapie scheint nichts geholfen zu haben. Wir wollten uns im Essen einschränken und fallen doch zurück in die alten Gewohnheiten, von denen wir genau wissen, dass sie uns nicht gut tun.

Jesus liegt gekrümmt und ohnmächtig unter dem dunklen und bedrohenden Kreuz.
Er hat keine Chance. Das Violett drückt die Aussichtslosigkeit aus, gegen die Last dieses Kreuzes anzukommen. Er wird es nie tragen können. Dennoch fließt von dem hellen Balken Jesu etwas Weiß in das Violett, ja sogar in das Schwarz des Kreuzes hinein. Trotz aller Hoffnungslosigkeit ist da noch ein Funken Hoffnung, mit diesem Kreuz fertig zu werden. Wer das Bild betrachtet, empfindet: Jesus vermag dieses Kreuz nie zu tragen. Er hat es dennoch wieder auf sich genommen, wie uns die Kreuzwegfrömmigkeit in den kommenden Stationen vor Augen stellt. Wenn wir wie Jesus am Boden liegen und nicht wissen, wie wir je mit dem Tod des lieben Menschen, mit der Krankheit des Kindes, mit dem Verlust unseres Vermögens fertig werden sollten, dann gibt es tief in unserem Herzen doch die Ahnung, Gott werde uns wieder aufrichten und uns befähigen, auch dieses Leid zu bewältigen. Die Betrachtung des zweiten Fallens Jesu will dieses kleine Hoffnungslicht in unserem Herzen stärken. Wir brauchen nicht in der Enttäuschung und in der Trauer liegen zu bleiben, sondern können uns wieder aufmachen, den Kreuzweg unseres Lebens weiter zu gehen. Wenn wir dieses Bild meditieren, kann die erlösende Kraft der Passion Jesu in unser tägliches Leiden einfließen und es verwandeln.

VII

VIII

Es folgte eine große Menschenmenge, darunter
auch Frauen, die um ihn klagten und weinten.
Jesus wandte sich zu ihnen um und sagte:
«Ihr Frauen von Jerusalem, weint nicht über
mich; weint über euch und eure Kinder! Denn es
kommen Tage, da wird man sagen:
Wohl den Frauen, die unfruchtbar sind, die nicht
geboren und nicht gestillt haben.
Dann wird man zu den Bergen sagen: Fallt auf
uns!, und zu den Hügeln: Deckt uns zu! Denn
wenn das mit dem grünen Holze geschieht, was
wird dann erst mit dem dürren werden?»

(Lk 23, 27–31)

8. Station
Jesus redet zu den weinenden Frauen

Die achte Kreuzwegstation hat einen biblischen Hintergrund. Lukas berichtet uns von der Begegnung Jesu mit den weinenden Frauen: Es folgte eine große Menschenmenge, darunter auch Frauen, die um ihn klagten und weinten. Jesus wandte sich zu ihnen um und sagte: «Ihr Frauen von Jerusalem, weint nicht über mich; weint über euch und eure Kinder! Denn es kommen Tage, da wird man sagen: Wohl den Frauen, die unfruchtbar sind, die nicht geboren und nicht gestillt haben. ... *(Lk 23,27–31)*

Der Evangelist sieht in dieser Begegnung Jesu mit den weinenden Frauen die Prophezeiung des Propheten Sacharja erfüllt: «Sie werden um ihn klagen, wie man um den einzigen Sohn klagt; sie werden bitter um ihn weinen, wie man um den Erstgeborenen weint.» (Sach 12,10)

Seit seiner Übergabe an Pilatus hat Jesus kein Wort mehr gesprochen. Jetzt öffnet er seinen Mund als Prophet, der das Schicksal Jerusalems verkündet. Jesus sieht sein Leiden als Zeichen für das Leiden, das die Stadt Jerusalem in naher Zukunft erfassen wird: die Zerstörung durch die Römer. Jesus leidet nicht so sehr an den körperlichen Schmerzen und an der Enttäuschung über die Menschen, ihn schmerzt das kommende Schicksal Jerusalems. Dann wird unsägliches Leid die Menschen erfassen. Es wäre besser, keine Kinder geboren zu haben, die dem Untergang ausgeliefert werden. Aber Jesus eröffnet mit seinem sprichwörtlichen Satz vom grünen und dürren Holz den Frauen einen Weg zum Heil. Weil das Feuer des Gerichts in Jesus wider alle Regel den frischen Stamm erfasst, ergibt sich für das dürre Holz die Möglichkeit zum Heil. Der Tod Jesu eröffnet für die Menschen eine letzte Möglichkeit zur Umkehr. Das zeigt Lukas in der Vergebungsbitte Jesu für seine Mörder: «Vater vergib ihnen, denn sie wissen nicht, was sie tun.» (Lk 23,34) Selbst der Verbrecher, der noch im letzten Augenblick am Kreuz umkehrt, darf auf das Heil vertrauen, das Jesus ihm zuspricht: «Amen, ich sage dir: Heute noch wirst du mit mir im Paradies sein.» (Lk 23,43) Die Menschen, die den Tod Jesu am Kreuz beobachteten, erfahren diese Umkehr. «Sie schlugen sich an die Brust und gingen betroffen weg.» (Lk 23,48) Für den Evangelisten Lukas besteht die Erlösung darin, dass die Menschen in Jesus die Güte und Menschenfreundlichkeit Gottes erkennen. Er ist der wahrhaft gerechte Mensch, den Gott uns gesandt hat. Da Jesus selbst noch im Tod der Vergebende und Gerechte bleibt, gehen die Menschen, die «dieses Schauspiel sahen» (Lk 23,48), verwandelt nach Hause. Sie dürfen sich der Vergebung ihrer Schuld gewiss sein.

Der weiße Balken Jesu steht im Rot des Feuers. Jesus nimmt anstelle des Volkes das Gericht auf sich, damit die Menschen diesem entgehen. Das Rot verkörpert aber auch die Liebe, in der Jesus seinen Weg zu Ende geht. Sie bricht alle Verschlossenheit der Menschen auf und befähigt sie zu neuem Lieben. Die weinenden Frauen werden dargestellt in hellem Blau, einem schwarz durchtönten Blau und in einem Blau, das sich zu einem hellen Grün zu wandeln beginnt. Darin spiegeln sich ihre drei emotionalen Zustände. Da sind die Frauen, die an ihn glauben. Jesus hat ihnen den Himmel wieder geöffnet. Einen neuen Horizont für ihr Leben hat er ihnen geschenkt. Sie, die in Jesus Heil erfahren haben, sind nun angesichts seines Leidens blind für Gottes Wirken in Jesu Schicksal. Ihre Augen sind von Trauer verdunkelt. Sie sehen nur noch schwarz. Sie klagen und weinen und merken gar nicht, wie sie sich im Selbstmitleid baden. Sie sind unfähig, in Jesus die Liebe zu sehen, die ihn diesen Weg gehen lässt. Aber die Worte Jesu bewirken etwas in den Frauen. Das Weiß Jesu drängt sich zwischen die Frauen und es verwandelt ihre Trauer in die leise und stille Hoffnung, dass all das, was sie sehen, doch einen Sinn hat, dass Gott durch die Bedrängnisse dieser Zeit sein Heil wirkt.

Der dritte Balken ist in hellem Grün gehalten. Durch die Trauer hindurch keimt schon die Hoffnung auf Verwandlung und neues Leben. Die Sehnsucht erwacht, dass das dürre Holz unseres Herzens zu grünen beginnt und neue Frucht bringt. Wir sollen in Jesu Leid erkennen, wie der Zustand unserer Seele ist. Wie verdorrt sind wir innerlich, wie hart und unbarmherzig, wie verstockt und verschlossen. In der Passion begegnet uns Jesus als der unsere Trauer Verwandelnde. In dem Bild von Andreas Felger scheint Jesus zu mir, dem Betrachter, zu sagen: «Du brauchst kein Mitleid mit mir zu haben. Weine lieber über dich. Schaue in dich hinein! Sehe in mir und meinem Leiden dein eigenes Schicksal, die Konsequenz, die aus deiner Oberflächlichkeit, aus deinem Ausweichen, aus deiner Schuld entspringt. Aber kreise nicht um dich und deine Trauer! Schau auf Gott, der dein Herz in jedem Augenblick berühren möchte! Traue der Liebe, die du in mir erkennst, und lasse dich von meiner Liebe dazu bewegen, dein Herz für Gott und für die Menschen zu öffnen!»

IX

9. Station

Jesus fällt zum dritten Mal unter dem Kreuz

Nach der Umkehr noch einmal zu fallen, ist für uns eine herbe Enttäuschung. Doch einen zweiten Fall können wir uns noch verzeihen. Wir haben nicht aufgepasst. Wir waren zu schwach. Aber ab heute wird alles anders. Durch den zweiten Fall haben wir gelernt. Jetzt werden wir uns anstrengen. Es wird uns nicht noch einmal passieren. Und dann fallen wir trotzdem ein drittes Mal. Es ist schwer, sich das einzugestehen und zuzugeben, dass wir keine Garantie haben, nicht noch ein viertes und fünftes Mal zu fallen. Wir müssen uns mit unserer Ohnmacht aussöhnen. Auch der Glaube, auch die Disziplin, die strenge Askese, der starke Wille sind keine Garantie, dass wir stehen bleiben. Die Erkenntnis ist schmerzlich: Ich kann nicht alles, was ich will. Es gibt keinen Weg, mein Leben zu kontrollieren und mit meinem Willen in Griff zu bekommen. Die Frage ist, ob ich mit Resignation auf diese Erkenntnis reagiere oder mich in Gott hinein ergebe. Lasse ich mich in Gottes Gnade fallen, die mich immer wieder aufrichten wird? Wenn ich die Illusion aufgeben kann, mein Leben selber in Ordnung zu bringen und willentlich alles nach Gottes Willen auszurichten, dann kann mich die Erkenntnis der Gnade Gottes in eine neue innere Freiheit führen. Ich muss gar nicht für mich garantieren. Ich weiß nicht, ob und wann ich wieder fallen werde. Aber ich bin gewiss, dass Gottes Liebe mich auffängt und seine Geduld mich immer wieder aufrichten wird.

Andreas Felger hat das dritte Fallen Jesu auf braunen Hintergrund gemalt. Jesus liegt auf der Erde, gekrümmt, aber nicht gebrochen. Der schwarze Kreuzesbalken versperrt ihm den Weg. Jesus muss sich in die Erde hineingraben, sich ganz auf sie einlassen. Davon wird sie heller. Das Rot seiner Liebe verwandelt die dunkle Erde an manchen Stellen in ein rötliches Weiß, in eine Lauterkeit und Reinheit, wie sie nur die Liebe zu schaffen vermag. Die neunte Kreuzwegstation lädt uns ein, uns mit unserer Erdhaftigkeit auszusöhnen. Erde heißt «humus». Davon kommt «humilitas», das lateinische Wort für Demut. Sie ist der Mut, in das Dunkel der eigenen Erdhaftigkeit hinabzusteigen, anzunehmen, dass wir von der Erde genommen sind und von der Erdenschwere immer wieder zu Boden gezogen werden. Die Erde ist der fruchtbare Schoß, aus dem alles Leben hervorgeht, aber auch das Grab, in das es zurückkehrt. Nur wenn wir uns liebevoll der eigenen Menschlichkeit mit ihren Schattenseiten zuwenden, wird unser Leben Frucht bringen. Nur wenn wir um unsere Vergänglichkeit wissen und mit unserem Herzen verstanden haben, dass wir Staub sind und zum Staub zurückkehren werden, wird unser Leben gelingen.

Wir tun uns heute schwer mit der Demut. Wir wollen nach außen lieber unseren Stolz und unsere Kraft zur Schau tragen. Aber diese Haltung erkaufen wir mit der Angst, dass die andern doch unsere Schattenseiten wahrnehmen und das Staubige und Verschmutzte unserer Seele erkennen könnten. Wenn ich die neunte Kreuzwegstation betrachte, so wie sie der Künstler mir durch sein Bild interpretiert, bekomme ich Mut, die Erde in mir liebevoll anzunehmen. Manchmal brauche ich einen Fall, ein Scheitern, eine Krise, damit ich meine Himmelsstürmerei aufgebe und mich mit der Erde in mir aussöhne. Das Scheitern raubt mir alle Illusionen, die ich mir von mir selbst gemacht habe. Es lässt mich auf die Erde fallen, damit ich endlich erkenne, wer ich bin. Bei allem spirituellen Streben bin ich immer noch ein Mensch, der von der Erde genommen ist und zur Erde zurückkehren wird. Den Staub und den Schmutz der Erde trage ich auch in meinem Inneren. Es braucht viel Milde und Liebe, die Erde in mir so ganz mit meinem Leib zu umfangen, wie es Jesus hier auf dem Bild tut. Aber wenn ich liebevoll den Staub der Erde in mir umarme, wird er sich wandeln zu einem fruchtbaren Erdreich, auf dem die einmalige Blume, als die Gott mich geschaffen hat, zur Blüte kommen kann.

IX

X

Nachdem die Soldaten Jesus ans Kreuz
geschlagen hatten, nahmen sie seine Kleider und
machten vier Teile daraus, für jeden Soldaten
einen. Sie nahmen auch sein Untergewand, das
von oben her ganz durchwebt und ohne Naht
war. Sie sagten zueinander: «Wir wollen es nicht
zerreißen, sondern darum losen, wem es
gehören soll.» So sollte sich das Schriftwort
erfüllen: «Sie verteilten meine Kleider unter sich
und warfen das Los um mein Gewand.»
Dies führten die Soldaten aus.

(Joh 19, 23–24)

10. Station

Jesus wird seiner Kleider beraubt

Vor der Kreuzigung wurden die Verurteilten ausgezogen. Nackt wurden sie ans Kreuz geschlagen, ohne die schützende Hülle der Kleidung. Alle vier Evangelisten berichten uns von den Kleidern Jesu, die die Soldaten unter sich verteilten. Am ausführlichsten beschreibt Johannes die Szene: «Nachdem die Soldaten Jesus ans Kreuz geschlagen hatten, nahmen sie seine Kleider und machten vier Teile daraus, für jeden Soldaten einen. Sie nahmen auch sein Untergewand, das von oben her ganz durchwebt und ohne Naht war. Sie sagten zueinander: Wir wollen es nicht zerreißen, sondern darum losen, wem es gehören soll. So sollte sich das Schriftwort erfüllen: Sie verteilten meine Kleider unter sich und warfen das Los um mein Gewand. Dies führten die Soldaten aus.» (Joh 19,23–24)

Johannes sieht in diesem brutalen Geschehen, da die Soldaten Jesus die Kleider vom Leib reißen und dann seine Kleider untereinander verteilen, die Erfüllung eines Schriftwortes aus Psalm 22,19. Zugleich erkennt er darin noch ein tieferes Symbol. Die vier Teile weisen nicht nur auf die Größe des Hinrichtungstrupps hin, sondern auch auf die vier Elemente, die durch Jesu Tod geheiligt werden. Am Kreuz wird aus Jesu Seite Blut und Wasser hervorfließen, ein Bild für den Geist Gottes, der aus Jesu Herz auf die ganze Welt ausströmt und sie heiligt und verwandelt. Das Untergewand, das aus einem Stück gewebt ist, sehen die Kirchenväter als Bild für die untrennbare Verbindung von Gottheit und Menschheit Jesu. Es ist «von oben her ganz durchwebt und ohne Naht» (Joh 19,23). Im Kreuz steigt Jesus von oben her ganz zu uns hinab und verbindet uns mit sich und mit dem Vater, und zwar ohne Naht. Durch den Tod Jesu am Kreuz werden wir ununterscheidbar eins mit Gott. Auch die Soldaten können diese Einheit zwischen Gott und uns, in die uns die Liebe Jesu hineinwebt, nicht zerstören. So sieht Johannes in den Kleidern Jesu ein Bild für die erlösende und einende Wirkung des Kreuzes. Die Liebe Christi am Kreuz vereint uns mit Gott, aber auch untereinander. Das Untergewand ist für die Kirchenväter ein Bild für die Einheit der Kirche. Die Liebe Gottes, die am Kreuz für alle sichtbar geworden ist, ermöglicht es uns Menschen, miteinander eins zu werden, auch wenn wir noch so verschieden sind.

Der Künstler hat die Szene auf dunklem violetten Grund gemalt. Das Kleid Jesu hat im Gegensatz zum weißen Balken Jesu runde Formen. Kleider sind ein weicher Schutz für den Körper. Sie hüllen ihn ein, damit er sich darin wohl fühlt. Wenn uns die Kleider vom Leib gerissen werden, fühlen wir uns schutzlos den Blicken der Menschen ausgesetzt. Sie sehen uns so, wie wir sind. In der Antike entkleidete man die Verbrecher nach ihrer Verurteilung, um sie bloßzustellen und ihnen ihre gesellschaftliche Stellung zu rauben. Nackt sind sie nichts mehr wert. Nacktheit erinnert uns aber auch daran, dass wir alle nackt geboren wurden. Wenn die Soldaten Jesus die Kleider vom Leib reißen, versuchen sie ihm seine Würde zu nehmen und ihn vor den neugierigen Gaffern bloßzustellen. Aber es gelingt ihnen nicht, weil Gottes Schönheit den nackten Leib Jesu erfüllt und durch ihn hindurch strahlt.

Unwillkürlich reagieren wir mit Trauer, wenn ein Mensch in unserer Nähe bloßgestellt wird. Wir haben das Gefühl, dass sich das nicht ziemt. Tief in unserem Inneren wissen wir, dass wir die Würde eines Menschen schützen müssen. Ihn vor der Öffentlichkeit bloßzustellen, seine Fehler auszubreiten, ihn zum Gespött der Menge und ihn lächerlich zu machen, ist eine tiefe Verletzung, die wir keinem Feind wünschen. Und doch werden Menschen heute in der Öffentlichkeit ständig entblößt. In ihre intimsten Bereiche hinein wird geschnüffelt, oder wie es heute heißt: recherchiert. Man meint, man wäre es der Öffentlichkeit schuldig, alle privaten Einzelheiten der Politiker, der Künstler, der Sportler oder sonstiger bekannter Persönlichkeiten auszubreiten. Es entsteht ein neuer Voyeurismus. Menschen, die so öffentlich bloßgestellt wurden, bleiben für ihr Leben verletzt. Sie ziehen sich zurück, trauen sich nicht mehr auf die Straße, weil sie von vielen in kränkender Weise angesprochen werden. Die zehnte Kreuzwegstation will diesen Menschen Christus zeigen in seiner Nacktheit, damit sie sich von ihm und seinem weißen Kleid umhüllt fühlen. Das Kleid, das Jesus ausgezogen wurde, soll ihre Blöße decken.

XI

Sie kamen zur Schädelhöhe;
dort kreuzigten sie ihn und die Verbrecher,
den einen rechts von ihm, den andern links.

(Lk 23, 33)

11. Station

Jesus wird ans Kreuz genagelt

Die Evangelisten verzichten darauf, den Vorgang der Kreuzigung zu beschreiben. Sie setzen ihn als bekannt voraus. Lukas beschreibt nur nüchtern: «Sie kamen zur Schädelhöhe; dort kreuzigten sie ihn und die Verbrecher, den einen rechts von ihm, den andern links.» (Lk 23,33)

Die Kreuzwegfrömmigkeit hat die Szene des Angenageltwerdens in besonderer Weise meditiert. Der Schmerz dieser Verwundung hat die Christen immer sehr berührt. Die Nägel durchbohren Hände und Füße Jesu. In den ersten Jahrhunderten ging man von vier Nägeln aus, mit denen Jesus angenagelt wurde. Ab dem 13. Jahrhundert beschränkte man sich auf drei Nägel, zwei für die Hände und einen für die Füße. Es ging dabei sicher nicht nur um die konkrete Frage, wie Jesus gekreuzigt wurde, sondern auch um eine Symbolik. Die vier Nägel weisen hin auf die vier Himmelsrichtungen, zwischen die Jesus ausgestreckt wurde. Durch seinen Tod am Kreuz hat er sie erlöst und geheiligt. Die drei Nägel dagegen sind Bilder für Geist, Seele und Leib als die drei Bereiche im Menschen, die ans Kreuz genagelt werden. Drei Nägel stehen aber auch für den dreifaltigen Gott. Im Mittelalter stellt man den sogenannten Gnadenstuhl dar: Der Vater hält den Sohn vor sich, der am Kreuz hängt. Und über ihm schwebt der Heilige Geist als Taube.

Zugleich sehen wir ein Bild des Festgenageltwerdens und des Festgelegtwerdens. Wer ans Kreuz angenagelt wird, kann sich nicht wehren und wird auf die eine Gestalt festgelegt. Jeder Mensch ist angenagelt an das eigene Kreuz. Wir können uns selbst nicht entrinnen. Wir müssen uns ausstrecken und das eigene Kreuz umfangen. Wir sind unser Kreuz. Wir müssen uns aushalten, so wie wir sind, in unserer Gegensätzlichkeit, in unserem Ausgestrecktsein, mit all dem Vorgegebenen, das wir uns nicht selber ausgesucht haben. Es ist bitter, sich selbst annehmen zu müssen. Ans Kreuz angenagelt bleibt uns nichts mehr übrig, als unsere Zerrissenheit zu bejahen und zu hoffen, dass Gott unsere Enge in Weite, unser Festgelegtsein in Freiheit und unseren Schmerz in neues Leben verwandelt.

Andreas Felger malt Jesus mit dem Kopf nach unten. Die ganze Hilflosigkeit Jesu kommt darin zum Ausdruck. Er kann mit seinem Kopf sein Leben nicht mehr dirigieren. Er ist der Gewalt der Schergen ausgeliefert, der irrationalen Wut derer, die ihn töten. Der weiße Balken, der auf den übrigen Stationen für Jesus steht, verschmilzt mit dem schwarzen Kreuzesbalken. Es bleiben nur die hellen Umrisse. Sonst geht Jesus ganz in der Schwärze des Kreuzes auf. Hier wird Wirklichkeit, was Paulus über die Erniedrigung Jesu in einem Hymnus beschrieben hat: «Er war Gott gleich, hielt aber nicht daran fest, wie Gott zu sein, sondern er entäußerte sich und wurde wie ein Sklave und den Menschen gleich. Sein Leben war das eines Menschen; er erniedrigte sich und war gehorsam bis zum Tod, bis zum Tod am Kreuz.» (Phil 2,6–8) Jesus gibt seine göttliche Gestalt völlig auf. Das Weiß seiner Göttlichkeit wird zum Schwarz dieser Erde, zum Schwarz der Entäußerung in die Gestalt eines Sklaven.

An den beiden Enden des Querbalkens weisen zwei rote Flecken auf die beiden Handwunden Jesu hin, erzeugt durch das Angenageltwerden. Die Wunden Jesu waren in der Geschichte der Frömmigkeit wichtige Meditationsorte. Man vertiefte sich in sie in dem Vertrauen, dass dadurch die eigenen Wunden verwandelt werden. In der Hand werden wir verwundet, wenn uns einer schlägt, festnagelt, festhält, sich an uns klammert. Wenn einer uns die Hand verweigert, uns alles aus der Hand schlägt, was uns wert und teuer ist, verletzt er uns. Die Handwunden Jesu erinnern an die Szene, in der Pilatus sich in Unschuld die Hände wäscht, während er Jesus der Hand der Juden ausliefert. Die Fußwunde Jesu verweist uns auf unsere Wunden, wenn einer uns ein Bein stellt, uns auf den Fuß tritt oder einen Fußtritt gibt. Es ist eine tiefe Verletzung, mit Füßen getreten und wie der letzte Dreck behandelt zu werden. Von Jesu Hand- und Fußwunden geht für uns Heilung aus. Wenn wir sie betrachten, strömt Gottes heilende Liebe in unsere verwundeten Hände und Füße. Das hat der Künstler dargestellt, indem er den dunklen Hintergrund durch weiße und rötliche Farben aufhellt. Weil Jesus sich für uns annageln lässt, erwächst uns daraus Freiheit und Weite.

Weil Jesu Füße durchbohrt wurden, kann niemand mehr unsere Würde mit Füßen treten. Die Liebe Jesu hat unsere Wunden in Quellen der Liebe verwandelt.

XI

XII

Es war etwa um die sechste Stunde, als eine
Finsternis über das ganze Land hereinbrach.
Sie dauerte bis zur neunten Stunde. Die Sonne
verdunkelte sich. Der Vorhang im Tempel riss
mitten entzwei, und Jesus rief laut:
«Vater, in deine Hände lege ich meinen Geist.»
Nach diesen Worten hauchte er seinen Geist aus.

Lk 23, 44–46

12. Station

Jesus stirbt am Kreuz

Jeder der vier Evangelisten deutet den Tod Jesu am Kreuz auf seine Weise. Matthäus sieht im Kreuz die Gewaltlosigkeit Jesu ausgedrückt. Im gewaltlosen Tod Jesu zeigt uns Gott seine vergebende Liebe. So können wir im Blick auf das Kreuz vertrauen, dass auch unsere Schuld vergeben ist. Markus sieht im Todesschrei Jesu den Sieg über die Macht der Dämonen, die diese Welt beherrschen. Aber bevor Jesus am Kreuz die Dämonen besiegt, muss er selbst durch die Gottlosigkeit dieser Welt hindurchschreiten. Er schreit sie laut heraus: «Mein Gott, mein Gott, warum hast du mich verlassen?» (Mk 15, 34) Lukas sieht am Kreuz den Tod des Gerechten, der den Weg Gottes bis zum Ende durchhält. Das Kreuz ist ein Bild für die Bedrängnisse, die wir alle durchstehen müssen, um zur Herrlichkeit der Auferstehung zu gelangen. Die Kreuzigung Jesu verdunkelt die Sonne. Jesus hält das Vertrauen zu Gott, seinem Vater, durch und legt seinen Geist in seine Hände. Sein Sterben zeigt, dass er der Gerechte ist, während die Welt sich verdunkelt und so ihre Ungerechtigkeit offenbart. Der Vorhang im Tempel zerreißt. Durch Jesu Tod steht uns der Zugang zu Gott offen. Wir sind durch Jesu Tod, Auferstehung und Himmelfahrt in den Himmel versetzt. Gottes heilende Gegenwart umgibt uns auf allen unseren Wegen. Johannes sieht im Tod Jesu die Vollendung seiner Liebe. In den drei Versen, in denen er dieses Sterben beschreibt, verwendet er dreimal das griechische Wort «telos». Es bedeutet Vollendung und Ziel. «Telos» ist auch ein Begriff aus der Mysteriensprache und bedeutet dann: Einweihung in das Geheimnis Gottes. Für Johannes weiht uns Jesus in seinem Tod am Kreuz ein in das Geheimnis der Liebe Gottes, mit der er uns bis zum Ende, bis zur Vollendung geliebt hat. Sein Wort «Es ist vollbracht (tetelestai)» drückt aus, dass er nun seine Liebe zu Ende gebracht hat und alles in uns von ihr durchdrungen wird. Nun gibt es nichts mehr, das nicht von Gottes heilender und verwandelnder Liebe berührt ist.

Andreas Felger deutet in seinem Aquarell die Kreuzigung Jesu auf seine Weise. Die Finsternis, die nach Lukas über das ganze Land hereinbrach, wird als Dunkelheit oberhalb des Kreuzes dargestellt. Der zerrissene Vorhang im Allerheiligsten des jüdischen Tempels zeigt sich als Spaltung des Kreuzesstammes. Selbst im Kreuz, dem grausamsten Marterwerkzeug, öffnet sich ein Spalt. Noch dort erreicht uns die Liebe Gottes, die alles Leid verwandelt. Durch das Kreuz Jesu sind die vielen Kreuze erlöst, an die überall auf der Welt die Menschen angenagelt werden. Der Kreuzesstamm ist nicht mehr schwarz, sondern rötlich mit weißen Stellen durchsetzt. Das Kreuz offenbart mitten in der Grausamkeit der römischen Hinrichtung die Liebe Jesu und seine Göttlichkeit. Die Liebe Gottes ist stärker als der Hass. Sie verwandelt den Hass in Liebe und die Dunkelheit in Licht. Unterhalb des Kreuzes hellt sich die Dunkelheit auf. Auf der rechten Seite ist in einem Kreis die verdunkelte Sonne angedeutet. Sie trägt aber in sich schon die Hoffnung auf den Ostermorgen. Dann wird Jesus als die wahre Sonne auferstehen über dem Grab unserer Angst. Die Dunkelheit des Todes wird dann für immer besiegt sein.

Wer das Bild der Kreuzigung Jesu betrachtet, der kann sich hineinmeditieren in das Geheimnis der Liebe Jesu, die auch ihm gilt. Sie meint ihn ganz persönlich. Er darf darauf vertrauen, dass diese Liebe auch sein Kreuz verwandelt. Sie bricht ihn auf für Gottes Liebe und für das göttliche Leben, das Jesus ihm durch seinen Tod am Kreuz schenkt. Er kann in der Meditation dieses Bildes erahnen, dass er nun auch hineingetaucht ist in die Liebe Gottes, ja in Gott selbst. Und er kann in der Betrachtung der zwölften Kreuzwegstation das Leid der Welt in einem anderen Licht sehen. Es ist durch das Kreuz Jesu verwandelt. Über allen Kreuzen dieser Welt ragt das Kreuz Christi als Zeichen der Hoffnung und Erlösung auf.

Das Kreuz ist der Schlüssel, der das Tor aufschließt zum Bereich Gottes. Das Kreuz zerreißt den Vorhang, der im Tempel den heiligen Raum vom Bereich der Menschen trennt. Jetzt gibt es keine Grenze mehr. Wir sind in den heiligen Raum Gottes eingetreten, wir sind in Gott. Daraus kann uns niemand mehr vertreiben. Das hat Paulus in der Meditation des Todes Jesu erfahren: «Ich bin gewiss: Weder Tod noch Leben, weder Engel noch Mächte, weder Gegenwärtiges noch Zukünftiges, weder Gewalten der Höhe oder Tiefe noch irgendeine andere Kreatur können uns scheiden von der Liebe Gottes, die in Christus Jesus ist, unserem Herrn.» (Röm 8,38f)

XII

XIII

Josef aus Arimathäa war ein Jünger Jesu, aber aus Furcht vor den Juden nur heimlich. Er bat Pilatus, den Leichnam Jesu abnehmen zu dürfen, und Pilatus erlaubte es. Also kam er und nahm den Leichnam ab. Es kam auch Nikodemus, der früher einmal Jesus bei Nacht aufgesucht hatte. Er brachte eine Mischung aus Myrrhe und Aloe, etwa hundert Pfund. Sie nahmen den Leichnam Jesu und umwickelten ihn mit Leinenbinden, zusammen mit den wohlriechenden Salben, wie es beim jüdischen Begräbnis Sitte ist.

(Joh 19, 38–40)

13. Station

Jesus wird vom Kreuz abgenommen

«Josef aus Arimathäa war ein Jünger Jesu, aber aus Furcht vor den Juden nur heimlich. Er bat Pilatus, den Leichnam Jesu abnehmen zu dürfen, und Pilatus erlaubte es. Also kam er und nahm den Leichnam ab. Es kam auch Nikodemus, der früher einmal Jesus bei Nacht aufgesucht hatte. Er brachte eine Mischung aus Myrrhe und Aloe, etwa hundert Pfund. Sie nahmen den Leichnam Jesu und umwickelten ihn mit Leinenbinden, zusammen mit den wohlriechenden Salben, wie es beim jüdischen Begräbnis Sitte ist.»
(Joh 19, 38–40)

Alle vier Evangelisten berichten, dass Josef von Arimathäa zu Pilatus ging und bat, den Leichnam Jesu abnehmen zu dürfen. Nach Lukas war er ein Mitglied des Hohen Rates, nach Matthäus ein reicher Mann und ein Jünger Jesu. Er ermöglicht es den Frauen, dem Leichnam Jesu die letzte Ehre zu erweisen. Lukas berichtet: «Die Frauen, die mit Jesus aus Galiläa gekommen waren, gaben ihm das Geleit und sahen zu, wie der Leichnam in das Grab gelegt wurde.» (Lk 23, 55) Da es eilig war, Jesus vor dem Sabbat abnehmen zu können, wurde Jesus nach den Synoptikern vor seiner Grablegung nicht gesalbt. Die Frauen bereiteten die Öle und Salben zu, damit sie nach dem Sabbat Jesus im Grab noch salben könnten. Im Johannesevangelium sind es nicht die Frauen, die den Leichnam Jesu begleiten, sondern die beiden Männer Josef von Arimathäa und Nikodemus. Dieser Pharisäer hatte mit Jesus in der Nacht über das Geheimnis der Geburt aus dem Geiste diskutiert, es aber offensichtlich nicht verstanden. Nikodemus bringt trotz des nahen Sabbats 100 Pfund kostbares Salböl mit, um Jesu Leichnam zu salben und ihn so vor der Verwesung zu bewahren.

Die Tradition hat die beiden Männer und die Frauen, die beim Kreuz ausgeharrt hatten, immer zusammen gesehen. Gemeinsam erweisen sie Jesus die letzte Ehre. Gemeinsam betrauern sie den Leichnam Jesu. Im 13. Jahrhundert kam das Bild der Pietá auf: Nachdem der Leichnam Jesu vom Kreuz abgenommen wurde, hält ihn Maria auf ihrem Schoß. Es war für die durch ständige Pestzeiten leidgeprüften Menschen ein Trostbild, dass auch sie im Tod in mütterliche Arme hineinsterben werden. Gott wird sie im Tod mit seinen liebenden Armen aufnehmen. Im Leichnam Jesu sahen die Gläubigen die eigene Trauer um ihre Toten ausgedrückt. Sie konnten in der Meditation dieses Bildes ihre Trauer zulassen. Aber zugleich war es ein Hoffnungsbild. Der Tod ist nichts Grausames. Wir werden nicht in das unbekannte Dunkel hinein sterben, sondern in die vertrauten Arme Gottes. Der Tod ist wie eine Neugeburt. In dieser Geburt werden wir von Gottes liebenden Händen umarmt werden. Es ist nicht der richtende Gott, sondern der mütterliche Gott, der im Bild Mariens aufscheint.

Andreas Felger steht in der Tradition dieser Kreuzwegfrömmigkeit. In seinem Bild der dreizehnten Station ist beides ausgedrückt: Trauer im schwarzen Kreuz und im Violett am Fuß des Kreuzes, zwischendrin aber schimmert das Grün der Hoffnung. Grün ist die Farbe des Lebens. Durch den Tod Jesu wird neues Leben in uns geweckt. Im Mittelalter haben viele Künstler das Kreuz grün gemalt als ein Zeichen der durch Christus erwirkten Erneuerung des Lebens. Der Leichnam Jesu ist im Aquarell von Andreas Felger wieder in Weiß gehalten. War es in den vorausgegangenen zwei Bildern fast ganz verschwunden, taucht es hier wieder auf, hell strahlend und mit einem rötlichen Ton, der die Liebe symbolisiert. Im Leichnam Jesu leuchtet schon die Hoffnung auf die Auferstehung auf. In ihm sehen wir die Liebe, die uns bis zur Vollendung geliebt hat: «Es gibt keine größere Liebe, als wenn einer sein Leben für seine Freunde hingibt.» (Joh 15,13) Rechts unten deuten acht dunkle Punkte die Fußstapfen der vier Frauen an, die beim Kreuz aushielten. Acht ist aber auch die Zahl der Unendlichkeit und Ewigkeit. Eine achteckige Form hatten die Taufbecken der frühen Kirche. Acht zeigt, dass der Himmel sich wieder über uns öffnet und wir teilhaben an der Ewigkeit Gottes. Nach Augustinus ist der Auferstehungstag der achte Tag, der keinen Abend kennt. So sehen wir in diesem Bild der Trauer zugleich die Hoffnung auf unsere eigene Auferstehung.

XIV

Josef nahm den Leichnam und hüllte ihn in ein
reines Leinentuch. Dann legte er ihn in ein neues
Grab, das er für sich selbst in einen Felsen hatte
hauen lassen. Er wälzte einen großen Stein vor
den Eingang des Grabes und ging weg.
Auch Maria aus Magdala und die andere Maria
waren dort; sie saßen dem Grab gegenüber.

(Mt 27, 59-61)

14. Station

Jesus wird ins Grab gelegt

Das Bild der vierzehnten Kreuzwegstation zeigt einen großen, vor das Grab gewälzten Stein. Dieser schwarze Stein ist vom Weiß des Grabes umgeben. Das Weiß deutet schon hin auf die Auferstehung. Über dem Stein erstreckt sich nicht die Dunkelheit der Trauer, sondern die Helle der Hoffnung. Der Stein ist rund, ein Bild der Ganzwerdung und Vollendung. Auch in dunklem Schwarz deutet der Stein doch hin auf die Ganzwerdung Jesu in der Auferstehung und auf unsere eigene Menschwerdung. Die Auferstehung Jesu ermöglicht sie. In der Auferstehung wird unsere innere Zerrissenheit überwunden. Alles Gegensätzliche wird eins: Himmel und Erde, Gott und Mensch, Licht und Dunkel. Alle Gegensätze fallen in Gott in eins zusammen.

Wenn wir die vierzehnte Kreuzwegstation betrachten, geht es nicht nur um die Trauer über den Tod Jesu und um ein Ausharren beim Grab, bis die Trauer sich in die Freude über die Auferstehung wandelt. Es geht auch um eine Meditation des eigenen Grabes. In einer Mönchsgeschichte kommt ein junger Mann zu einem Altvater und sagt ihm: «Ich stehe vor einer schweren Aufgabe und kann sie nicht bewältigen.» Da antwortet ihm der Mönch: «Wenn du dir nicht vorstellst, dass du drei Tage im Grab liegst, kannst du sie nicht erfüllen.» Es ist eine beliebte Übung im Mönchtum, das eigene Grab zu meditieren. Wenn ich mir vorstelle, dass ich im Grab liege, dann wird mir aufgehen, was alles abfallen sollte, damit mein wahres Wesen zum Vorschein kommt. Da werden die Lebensmuster abfallen, die mein Selbst umhüllen und oft genug am Leben hindern. Die Persönlichkeitsdramen werden entlarvt, die ich so oft spiele. Das Drama etwa, dass ich die Schuld immer bei andern suche oder dass ich mich selbst beschuldige und mich weigere aufzustehen, weil ich nicht der Beste bin. Im Grab werde ich erahnen, wer ich wirklich bin und was nur Rollen und Masken sind. Dann kann ich mir vorstellen, wer dieses Selbst ist, das mit Christus aus dem Grab aufsteht. Was ist mein wahrer Kern? Was ist das unverfälschte Bild, das Gott sich von mir gemacht hat? Das soll an Ostern mit Christus aus dem Grab erstehen.

Bei der Betrachtung des Grabes kann ich mich auch fragen, was ich alles begraben sollte. Vielleicht sollte ich endlich meine Verletzungen begraben, um die ich immer wieder kreise und oft als Vorwand nehme, dass ich mich nicht dem Leben stellen kann. Oder mein eigenes Versagen, das ich mir noch vorwerfe. Ich soll meine Angst begraben, meine Eifersucht, meinen Groll, meine Bitterkeit. Die Missverständnisse in der Partnerschaft soll ich begraben, damit ein neuer Anfang möglich wird. Ich müsste manche Beziehung begraben, die nicht mehr zum Leben führt. Wir schleppen oft so viel mit uns herum, was uns am Leben hindert. Ein Stein liegt auf uns und blockiert uns: emotionaler Ballast, den wir mit uns schleppen und der zwischen uns und dem Leben steht. Auferstehung heißt, dass ein Engel des Herrn diesen Stein, der uns blockiert, wegwälzt, damit wir aufstehen können zum Leben.

Ein Auferstehungsweg

Wir sind die vierzehn Kreuzwegstationen abgeschritten und haben darin unser eigenes Leben mit seinen Gefährdungen und Nöten meditiert. In jeder Station haben wir das Leid unseres Lebensweges wiedererkannt. Zugleich ist uns ein Hoffnungslicht aufgeleuchtet. Unser Leid wird durch Christi Passion verwandelt. Unser Kreuzweg wird zu einem Auferstehungsweg. Er führt uns mehr und mehr zu einem Leben, das den Tod überwindet. In den vierzehn Kreuzwegstationen begegnen wir Christus, dem Heiland und Arzt für unsere Wunden. Von jeder Station geht eine heilende Kraft aus, die sich in unsere Wunden ergießt und sie zu wandeln vermag. Die Liebe Jesu strahlt uns überall auf dem Kreuzweg entgegen. Jesus hätte sich andere Wege aussuchen können, Fluchtwege, um seine eigene Haut zu retten, oder Wege des Erfolges und des Triumphes. Aber für uns ist er diesen Weg des Leidens abgeschritten, damit wir uns auf unserem Passionsweg nicht alleine fühlen. Den Kreuzweg gehen heißt, sich in die Hoffnung und das Vertrauen hineingehen, dass wir auf allen Stationen unseres Lebensweges nicht alleine sind. Christus geht mit uns und mit ihm das Licht und das Heil der Welt.

In den Kreuzwegstationen sind wir nicht nur dem eigenen Leid und dem eigenen Prozess der Selbstwerdung begegnet, sondern der Not unserer Welt heute. In den vierzehn Stationen kommt die Zerrissenheit unserer Zeit zum Ausdruck. Zugleich aber wird in ihnen die Erlösung sichtbar, die Jesu Weg für die ganze Welt bedeutet. Jesus ist in seinem Kreuzweg das Leid der ganzen Welt abgeschritten und hat es verwandelt. Die Kirchenväter sagen: «Was nicht angenommen wurde, das wurde nicht erlöst.» In seinem Sterben und in seinem Begrabenwerden hat Jesus alles Leid dieser Welt angenommen und erlöst. Bild für die Verwandlung und Erlösung aller Not ist die Auferstehung, die in der letzten Kreuzwegstation schon aufleuchtet. In ihr wird sichtbar, dass es nichts mehr gibt, was uns von Gottes Liebe zu trennen vermag. Im Tod ist schon das Leben, im Grab schon die Auferstehung, in der Dunkelheit schon das Licht, in der Kälte schon die Liebe. In Tod und Auferstehung Jesu wird erfahrbar, was Paulus als befreiende Erkenntnis über die Erlösung durch Jesus Christus aufgeleuchtet ist:

«Was kann uns scheiden von der Liebe Christi? Bedrängnis oder Not oder Verfolgung, Hunger oder Kälte, Gefahr oder Schwert? ... Ich bin gewiss: Weder Tod noch Leben, weder Engel noch Mächte, weder Gegenwärtiges noch Zukünftiges, weder Gewalten der Höhe oder Tiefe noch irgendeine andere Kreatur können uns scheiden von der Liebe Gottes, die in Christus Jesus ist, unserem Herrn.» (Röm 8, 35.38 f)

Ru

Andreas Felger | Anselm Grün
Durch seine Wunden sind wir geheilt

Andreas Felger schuf diesen Kreuzweg für die Bonifatiuskirche in Asperg. Der Zyklus entstand in den Jahren 1997 und 1998. Die Aquarelle haben ein Format von 70x70 cm. Die vierzehn Stationen sind mit römischen Ziffern bezeichnet.

Zyklische Umkreisungen finden sich immer wieder im Werk Andreas Felgers: Von der Genesis, Abraham und dem Prediger Salomo bis zu «Ein Überlebender aus Warschau».

Der Passion Jesu näherte er sich in sieben Holzschnitten zu den Kreuzesworten und einem Holzschnitt-Kreuzweg. Dieser erschien 1987 mit Texten von Romano Guardini unter dem Titel «So vielen hast du geholfen». Sind dort noch Personen und Dinge erkennbar, verzichtet Andreas Felger hier weitgehend auf Gegenständliches.

Offen wie die Bildränder versteht diese Malerei die ganze Passion Jesu. Die Aquarelle geben dem Betrachter viel Raum. Darin ist er eingeladen, den Kreuzweg mitzugehen.

Aquarelle *Andreas Felger,* Gnadenthal
Texte *P. Anselm Grün OSB,* Münsterschwarzach
Bibeltexte *Einheitsübersetzung der Heiligen Schrift*

Buchdesign *Albert Müllenborn,* Wuppertal
Reproduktionen *Digital Design Borgers,* Hünstetten-Wallrabenstein
Druck *Grafische Werkstätte der Gustav Werner Stiftung,* Reutlingen
Buchbindearbeiten *Realwerk G. Lachenmaier,* Reutlingen

Präsenz Verlag ISBN 3-87630-515-2
Katholisches Bibelwerk ISBN 3-460-33144-5

Made in Germany 2001
Präsenz Verlag, Hünfelden
Verlag Katholisches Bibelwerk GmbH, Stuttgart